Les Sept Merveilles du Monde Antique

Sandrine ADSO

Les Sept Merveilles du Monde Antique

Le patrimoine offert par ces moments d'éternité propose autant de repères que de souvenirs, à chaque fois découverts avec fierté et plaisir.

FSC
www.fsc.org
MIXTE
Papier issu
de sources
responsables
Paper from
responsible sources
FSC® C105338

Édition : BoD · Books on Demand, 31 avenue Saint-Rémy,
57600 Forbach, bod@bod.fr
Impression : Libri Plureos GmbH, Friedensallee 273,
22763 Hamburg (Allemagne)
ISBN : 978-2-3226-6183-1
Dépôt légal : Juin 2025

Pyramide de Khéops

La pyramide de Khéops ou grande pyramide de Gizeh
Est un monument construit par les Égyptiens de l'antiquité
Formant une pyramide à base carrée.

Tombeau présumé du pharaon Khéops, elle fut édifiée,
Il y a plus de quatre mille cinq cents ans,
Sous la IVe dynastie.
Elle est la plus grande des pyramides de Gizeh.

Elle restera une beauté et un mystère envoûtants
Et a créé des cercles de littératures infinis.

Elle est la seule des sept merveilles a avoir survécu jusqu'à aujourd'hui.
Elle est également la plus ancienne.
Durant des millénaires, elle fut la construction humaine
De tous les records :
La plus haute, la plus massive, la plus volumineuse encore.

Ce tombeau, chef d'œuvre de l'Ancien Empire, de l'architecte Hémiounou,
Est la consécration et l'aboutissement de tout
Un travail architectural mis au point par Imhotep *"celui qui vient en paix"*[1].

Il a créé le travail
De la pierre de taille ;
Il a tout simplement créé
Pour la pyramide de son souverain Djéser, à Saqqarah.

---

[1] Imhotep (« Ἰμούθης » en grec) est un personnage historique emblématique de l'Égypte antique. Ayant vécu au troisième millénaire avant notre ère, il fut un homme aux multiples talents. Vizir et architecte du roi Djéser (IIIe dynastie), on le dit également médecin et philosophe. Sur le socle d'une statue du roi Djéser (aujourd'hui au Musée du Caire), il est présenté comme « *Chancelier du roi de Basse-Égypte* », « *Premier après le roi de* Haute-Égypte », « *Administrateur du grand palais* », « *Noble héréditaire* », « *Grand prêtre d'Héliopolis* », Imhotep, le constructeur, le sculpteur.

Les nombreuses particularités architectoniques et les exploits,
Atteints pour sa construction
En font une pyramide à part, sujet de réflexion
Qui ne cesse d'intéresser toute l'égyptologie
Et les archéologues de tous pays.

Ce monument forme une pyramide à base carrée[2].
La pyramide construite sur un sable rocheux
Était plus haute que les plus grands édifices jamais créés :
Telle à Rome, la basilique Saint Pierre.

Telle la cathédrale de Lincoln, avec sa flèche levée vers les airs.
Son périmètre, sa surface, son volume originel sont majestueux[3].

L'estimation traditionnelle du nombre de blocs de pierre
Qui composent la pyramide est de plus de deux millions.
Le calcul des égyptologues va jusqu'à quatre millions.
Cinq millions de tonnes, tel est son poids.
C'est une œuvre incroyable, plus incroyable qu'un exploit.

Les premières assises de la pyramides sont faites directement
Dans la roche naturelle du plateau de Gizeh.

Le parement ou revêtement
Était composé de pierres calcaires blanchâtres soigneusement jointoyées
Et polies qui renvoyaient les rayons du soleil
Et qui dans son immense merveille
Lui donnait l'aspect d'une véritable colline de lumière[4] :
Une splendeur sur la terre.

---

[2] Environ deux cents trente mètres.

[3] Elle fait un périmètre de 922 m, une surface de 53056m^2, et un volume originel de 2592341m^3.

[4] Ce qui explique qu'elle eut pour nom Akouit *la brillante*, et elle fut souvent appelée Akhet Khoufou *l'horizon de Khéops*.

Les blocs qui sont aujourd'hui visibles à l'extérieur
Sont noircis par la pollution et souvent cachés par la brume.
La pyramide, œuvre d'une immense ampleur
A sollicité bien des plumes.

La pyramide de Khéops fait partie d'un complexe plus large, constitué
D'un temple funéraire en deux parties, une basse appelée
"Temple de la vallée"[5]
Une partie haute[6]. Ces deux parties sont reliées
Par une *"chaussée montante"*, couloir monumental
Servant de galerie de communication.

Le tout est composé : de trois pyramides des reines , beauté d'exception
D'une pyramide satellite, remarquable d'un point de vue architectural,
Ceinte d'une muraille, reliée à la galerie de communication
Par l'intermédiaire de la partie haute du temple,
De multiples mastabas regroupés en trois cimetières se contemplent
À l'orient derrière les pyramides des reines,
Au sud de la grande pyramide qui gouverne,
Et à l'occident de la pyramide du roi.

Les premiers historiens et voyageurs à nous relater encore et encore une fois
Leurs explorations sont des auteurs grecs et latins :
Hérodote, Diodore de Sicile, Strabon, Pline l'Ancien.

Leurs descriptions sont plus centrées
Sur l'aspect historique et légendaire
Que sur la structure même des pyramides évoquées.

Plus tard, l'écrivain[7] Kaisi écrit qu'Al-Mamoun y a découvert :
"Une chambre carrée à la base et voûtée

---

[5] Ou temple bas associé à un point débarcadère en bordure des terres cultivées, ce lieu pouvant avoir servi d'accueil du roi vers l'au-delà, rien ne permettant de dire s'il servait à la purification et à la momification.

[6] Ou « *temple haut* », chapelle funéraire où le clergé dépose tous les jours des offrandes.

[7] Du XIIe siècle.

Au sommet très grand et au milieu de laquelle était creusé un puits de dix coudées
On raconte qu'un homme y étant pénétré
Arriva à une petite chambre où se trouvait
Une statue d'homme en pierre verte comme la malachite.
Cette statue fut apportée à Al-Mamoun "Celui en qui on a confiance" très vite
Elle avait un couvercle que l'on retira
Et l'on trouva
Le corps d'un homme revêtu d'une cuirasse d'or,
Incrustée de toutes sortes de pierreries, [mais encore]
Sur la poitrine était posée
Une épée d'un prix inestimable, et
Près de la tête se trouvait un rubis rouge [enflammé]..."[8].

De nombreuses allusions aux caractères gravés
Sur les faces de la pyramide seront évoquées.
Ces caractères étaient de plusieurs sortes ; grecs, phéniciens
Et d'autres inconnus, mystères si anciens...
Il s'agissait sans doute de témoignages gravés
Par les voyageurs et accumulés
Au fil des siècles et des années.

Ibn Khaldoun rapporte dans ses *Prolégomènes*
De nombreuses histoires anciennes

Notamment que le calife Al-Mamoun voulut détruire les pyramides sacrées
Et rassembla des ouvriers pour cela,
Mais il n'y parvint pas.

Les voyageurs et explorateurs vont se succéder[9].
Les ingénieurs[10] vont fouiller, creuser et laisser
De nombreuses traces de leurs passages
Dans la plupart des pyramides memphites et dans la grande de leurs voisinages

---

[8] Lauer, 1988, p.24-25.
[9] Durant le XIXe
[10] Howard Vyse et John Shae Perring.

Leurs résultats fournissent aujourd'hui encore des renseignements précieux
Pour ceux et celles qui veulent étudier la grande pyramide et ses secrets.

À partir de cette date, la grande pyramide sera étudiée et mesurée
Dans ses moindres détails par des savants très nombreux,
Spécialisés ou non.
Elle devint source de grandes questions.

Les pyramides voient fleurir plusieurs récits :
Le récit d'une civilisation enfouie,
Antérieure à l'Égypte ancienne et plus évoluée techniquement ;
Le récit selon lequel les anciens Égyptiens auraient mystérieusement
Eu des connaissances bien plus avancées
Que celles qui leur sont habituellement attribuées.
Le récit d'une civilisation supérieure d'origine atlante,
Voire extra-terrestre ultra-performante
Dont les moyens et objectifs ne sont pas identifiables.

Les jardins suspendus de Babylone

Sont un édifice artistique,
Considéré comme l'une des sept merveilles du monde antique.

Ils apparaissent dans les écrits de plusieurs auteurs anciens grecs et romains[11]
Qui s'inspirent tous de sources disparues dont un prêtre babylonien[12].

C'est à ce dernier que l'on doit l'histoire de la construction
De ces jardins par Nabuchodonosor II
Afin de rappeler à son épouse du nom
D'Amytis de Médie, les jours heureux
Passés dans les montagnes boisées
De son pays natal aux environs d'Ecbatane.

Lors de la redécouverte et des fouilles de Babylone, le fabuleux patrimoine[13]
L'emplacement des jardins suspendus a été cherché.

Mais alors que les autres constructions mythiques de la ville[14]
Ont été retrouvées par l'archéologie si subtile
Et la traduction des inscriptions anciennes,
Cela n'a pas été le cas des jardins d'origine babylonienne.

Les chercheurs contemporains ont donc émis diverses propositions :
Certains ont cherché à localiser les possibles positions
Des jardins suspendus dans la ville, tandis
Que d'autres ont remis en cause leur vie,
Les situant dans une autre ville orientale
Ou les reléguant au rang d'invention développée par des auteurs antiques
À partir des jardins royaux babyloniens qui s'étalent
Dans des constructions et des édifices magnifiques.

---

[11] Diodore de Sicile, Strabon, Philon d'Alexandrie.
[12] Bérose.
[13] Dans le Sud de l'Irak actuel.
[14] Tour de Babel, ziggurat, murailles, palais royaux.

Les jardins suspendus sont absents
Des sources cunéiformes babyloniennes et apparaissent uniquement
Dans les textes d'une poignée d'auteurs de langue grecque et latine.
Ils ne manquent pas de poser des difficultés
Car il s'agit souvent d'indirectes origines,
Des citations d'autres auteurs qui auraient témoigné
Mais dont les écrits originaux ont disparu.

De plus, un autre problème est survenu :
Les jardins n'apparaissent pas dans la description de Babylone
Laissée par Hérodote, celle-ci foisonne
D'un long compte-rendu.

La source jugée comme la plus fiable par les artisans
De l'existence des jardins suspendus, comme attachés au vent
Est la courte citation de Bérose : prêtre originaire du grand temple[15]
A rédigé un ouvrage très ample :
Les babyloniaka[16], pour mieux faire connaître sa civilisation d'origine,
Le fait qu'il mentionne ces jardins d'une beauté divine
Rend leur existence incontestable.

Néanmoins, le passage cité a été à nouveau envisageable :
Il ne s'agit pas d'une citation directe du prêtre
Et Flavius Joseph ne connaît cet auteur que par un peut-être :
Un résumé d'Alexandre Polyhistos et la mention des jardins
Auraient pu être ajoutés par ce dernier
D'après la description de Clitarque, historien.

Il semblerait sensiblement fondée
Que la consécration des jardins[17]

---

[15] De Babylone.
[16] Bérose historien de Babylone.
[17] En tant que merveille du monde.

Vient de la liste laissée par Phylon de Byzance
Dans son ouvrage *De septem orbis spectaculis*[18].

Plus généralement, les descriptions de l'immanence
De la beauté de ces fleurs et cascades en édifices,
Des auteurs gréco-romains s'intéressent également
À la ville de Babylone, en tant que *"mégapole antique"*
Et mettent l'emphase sur un centre de ces monuments :
À savoir ses murailles magnifiques
Dont la taille est mythifiée,
Ainsi que la beauté.

Bérose attribue
La construction des jardins suspendus
À Nabuchodonosor II[19], il aurait fait construire cet édifice
Pour son épouse, originaire de Médie : Amytis
Pays montagneux de l'Iran occidental
Pour soigner la nostalgie de son pays natal
Qui contrastait avec le relief plat de Babylone et son climat aride.

Cette histoire romantique et candide
Est rapportée
De manière abrégée[20]
Dans les descriptions de Quinte-Curce et Diodore.

Si les jardins ont bien existé
Il est logique de situer
Leur construction durant le règne de Nabuchodonosor,
Qui à Babylone voit la réalisation de travaux
De construction majeure
Notamment la réfection des temples et des palais si beaux,

---

[18] Des sept spectacles du monde.
[19] 604-562 av. J. - C..
[20] Sans mention du nom du roi.

Mais aussi des murailles et une mise en hauteur
D'une partie de la ville, face à la montée de la nappe phréatique.

Mais on en revient au problème récurrent
Sur les jardins suspendus :
Nabuchodonosor n'en parle dans aucun texte historique
De son temps,
De son vécu
Dans aucune des nombreuses inscriptions de fondation
Qu'il a laissées pour commémorer ses chantiers.

Les descriptions des jardins suspendus, une fois comparées,
Ne sont pas toujours concordantes, et l'interprétation
De leur vocabulaire pose parfois problème :
Même si les récits reposent sur des sources originales idem,
Il y a quelques divergences.

La localisation des édifices connaît des différences.

Mais il est manifeste qu'ils sont décrits comme une citadelle,
Ce qui correspond bien au secteur du ksar[21].

Tous les récits reposent sur une entité réelle :
La présence d'arbres plantés en hauteur attire le regard.
D'après la description de Strabon, les piliers
Qui supportent l'édifice se rejoignent par des arcades voûtées.
L'édifice est selon lui construit avant tout en briques,
Tandis que pour les autres auteurs historiques
La pierre occupe une place importante
Ce qui est peu en accord avec les traditions
Architecturales babyloniennes courantes.

---

[21] Forteresse, elle est toujours située dans un emplacement spectaculaire, soit perchée sur un promontoire escarpé accroché à une paroi rocheuse soit dressée au-dessus d'une oasis.

Tout repose sur l'élévation
Des jardins qui se fait avec plusieurs terrasses,
Peut-être en escaliers.

Diodore décrit un procédé complexe de mise en place
De couches de pierre, roseau, bitume et plomb
Établi, pour éviter que l'humidité
De la terre constituant la couche supérieure en amont
Du sol des jardins ne se répande plus bas.

Sa description des galeries supportant les jardins est moins précisée.

L'acheminement de l'eau vers les jardins en hauteur
Est un autre point important de ce qui est dit en deçà.
Dans le dédale des jardins, il n'y a aucune erreur.

Philon, le plus intéressé par les aspects techniques
Décrit longuement le système des canaux
Servant à irriguer les parcs dans un ordre hiérarchique.

"Le jardin qu'on appelle suspendu,
[Entre la terre et les nues]
Parce qu'il est planté au-dessus du sol, est cultivé en l'air,
Et les racines des arbres font comme un toit [bien haut],
Au-dessus de la terre"[22].

Une telle construction ne peut avoir survécu aux outrages du temps
Car les parties hautes du bâtiment
Ont disparu depuis l'antiquité.

En revanche, les analyses des données
Des fouilles du site combinées

---

[22] Marie-Ange Calvet et Yves Calvet, « *Babylone, merveille du monde* » dans *Architecture et poésie dans le monde grec, Hommage à Georges Roux*, Lyon, Maison de l'Orient et de la Méditerranée Jean Pouilloux, coll. « *collection de la Maison de l'Orient méditerranéen – Série archéologique, 1989, p.301* ».

À celles des sources antiques[23]
Permettent de proposer plusieurs emplacements possibles authentiques,
Pour les jardins suspendus.

Selon Robert Koldewey, les jardins suspendus
Étaient localisés dans une construction :
Le bâtiment voûté, situé au nord-est près du mur d'enceinte intérieur.
Cette identification
S'appuie sur la mise en demeure
De quatorze chambres voûtées,
De murs épais pouvant supporter
Une construction lourde, ainsi que trois puits juxtaposés
Ayant pu servir pour une machine hydraulique
Phénoménale, alimentant les jardins antiques.

Cette identification est désormais rejetée
Cet édifice étant plutôt identifié
Comme un magasin ou une sorte de prison
Comme complément de construction
Sur la base des tablettes qui y ont été retrouvées.

La *forteresse occidentale*, bâtiment aux murs épais[24]
Construit sur le bord de l'Euphrate au temps de Nabuchodonosor II
Souverain qui a détruit le temple le plus sacré[25].
Un temple qui abritait l'amour de Dieu.
Semble en mesure de supporter une construction sur terrasses alignées.

Les jardins seraient irrigués
Par des eaux apportées
Depuis un vaste réservoir : la forteresse orientale.
C'est une construction d'une ingéniosité colossale.

---

[23] Qui sont plus crédibles qu'on ne le suppose parfois.
[24] Et de dimensions au sol d'environ 110x230 mètres.
[25] Le temple du roi Salomon.

L'élévation se fait pour les trois auteurs : Wiseman, Reade, Stevenson
Suivant un aspect rappelant celui des ziggurats, une succession
De terrasses superposées.

Pour Wiseman les jardins ont l'aspect
D'un amphithéâtre bordé
Par deux jardins en terrasses[26], descendant vers un jardin au sol
Seule une partie du parc serait suspendue à l'entresol.

Pour Reade, les jardins seraient situés
Plus en accord avec les dimensions données
Par les auteurs grecs : entre 105 et 115m de côté.

L'édifice est fermé sur lui-même, coupé de l'extérieur par des murs
Alors que les terrasses quelquefois décorées de plommures
Sont situées plutôt sur deux côtés
Et se font face descendant vers une esplanade
Par où se fait l'accès depuis le palais.

Pour Stevenson, qui est partisan de façades
D'un édifice carré isolé
Des palais royaux, les jardins suspendus sont constitués
De cinq terrasses superposées
Descendant sur deux côtés opposés
Vers l'extérieur
Et non l'intérieur
À la différence des deux autres propositions.

Plusieurs questions
Ont été soulevées
Sur la crédibilité
Des auteurs grecs évoquant les jardins suspendus.

---

[26] Au sud et à l'est.

Étant donné qu'aucune source babylonienne connue
N'identifie les jardins à l'époque, il est envisageable
Que les jardins suspendus considérables
Soient une invention d'un auteur grec, ou une fable développée
À l'époque perse et reprise par un auteur grec de cette antiquité.

Cette fable s'inspirerait certes des grands jardins royaux
Qui ont assurément existé à Babylone dans des temps immémoriaux,
Mais sans avoir été suspendus.

La statue chryséléphantine de Zeus à Olympie

La statue chryséléphantine[27] de Zeus à Olympie
Est une œuvre[28] du sculpteur athénien Phidias, au grand génie.

Aujourd'hui disparue, elle était considérée dans l'antiquité,
Comme la troisième des sept merveilles dans le monde entier.

Selon Pausanias, la statue montrait Zeus assis sur son trône,
Représentation qui remonte à l'Iliade et en fait une icône[29].
Il semble du reste que le sculpteur se soit volontairement inspiré d'Homère
L'un des plus grands poètes de tous temps et de toute la terre :
Le dieu était couronné
D'un rameau d'olivier,
Dans la main droite, il tenait une statuette de Niké[30] :
Personnification de la victoire, elle-même représentée

Couronnée d'un bandeau et d'une guirlande
Dans la main gauche, Zeus tenait
Un sceptre richement décoré,
Sur lequel un aigle était perché.
Il s'agit du dieu pour lequel était fait le plus d'offrandes[31].

Drapé dans un himation[32] brodé de figures animales
Et de fleurs, le dieu portait des sandales.
Son trône comportait une décoration à la fois sculptée,
Incrustée d'ébène et de pierres précieuses.
Il s'agissait d'une œuvre majestueuse.

---

[27] Se dit d'une statuaire qui emploie simultanément l'or et l'ivoire.

[28] Réalisée vers quatre cents trente six av. J. – C. à Olympie.

[29] Qui se répand dans l'art grec à partir du VIe siècle avant J. -. C..

[30] Niké (en grec ancien Νίκη / Níkē, prononcé /nǐːkɛ̌ː/) est la déesse grecque de la victoire et du triomphe dans la mythologie grecque personnifiant la victoire et le triomphe dans les différents domaines : guerre, athlétisme, art, musique.

[31] Peut-être parce qu'il était le roi des dieux.

[32] Manteau drapé sans manches.

Quatre petites victoires dansantes couronnaient les pieds du trône
Richissime était sa couronne.

L'ensemble fut réalisé selon la technique chryséléphantine :
Des plaques d'or et d'ivoire comme support d'origine
Recouvraient une âme de bois et figurant respectivement,
D'une part des sandales de vent
Et d'autre part la barbe, les cheveux et la draperie,
Enfin les parties nues dans une sorte de soierie.

La statue mesurait environ douze mètres de haut,
Dont un mètre pour la base et deux mètres pour le piédestal.

Une inscription kalos[33] sur l'un des doigts, quelques mots :
"Pantarkès est beau",
Permet de dater approximativement la statue au final
Et éventuellement de l'identifier[34].

La statue jouissait d'une très grande célébrité[35].
Par vénération pour le sculpteur, l'atelier
Où il sculpta le dieu avec ses élèves fut conservé[36].

Par la suite, la statue fut enlevée du temple
Et rejoignit[37] la prodigieuse collection de Lausos[38].
Qui ne connaîtra jamais aucun négoce.
Les Grecs, la contemplent jusqu'au Ve siècle, date à laquelle
Elle disparut dans un incendie... fut-il criminel ?
En même temps que les autres statues toutes aussi belles.

---

[33] Beau (beauté physique).
[34] Le dénommé Pantarkés remporta en quatre cents trente six av. J. – C. l'épreuve de lutte aux jeux olympiques.
[35] Dans l'ensemble du monde grec.
[36] Jusqu'au Ve siècle après J. – C..
[37] À Constantinople.
[38] Chambellan de Théodose II qui comprenait entre autres l'Ahrodite de Cnide.

L'abbé Barthélémy[39] écrit
Que le Jupiter d'Olympie
Servira toujours de modèle aux artistes qui voudront représenter
Dignement l'être suprême de toute beauté.

---

[39] Dans Voyage du jeune Anacharsis en Grèce (1843).

Le temple d'Artémis à Éphèse[40]

Est dans l'antiquité
L'un des plus importants sanctuaires[41] de la divinité :
Artémis, déesse grecque de la chasse et de la nature sauvage.

Sur l'emplacement d'un sanctuaire plus ancien,
S'élève à nouveau le divin.
Un second temple est bâti[42] avec foi et courage.

Ses dimensions colossales[43] et la richesse de sa décoration
Expliquent sa mention
Dans seize des vingt-quatre listes des sept merveilles du monde.

Il est incendié volontairement en quelques secondes[44]
Par le berger Érostrate, qui veut se rendre célèbre
Par cet acte criminel et funèbre
En détruisant le temple.
Son nom deviendra le symbole, l'exemple
Au complexe d'Érostrate, qui pousse les gens
À tout pour être reconnu :
C'est une pathologie de dévoiement
Qui exacerbe le désir à nu.

Cet incendie eut lieu le jour de la naissance
D'Alexandre le Grand[45]
Hasard du destin ou insolence
Le temple fut détruit violemment.

---

[40] Appelé par les Romains, temple de Diane.

[41] Il était considéré dans l'Antiquité comme la quatrième des sept merveilles du monde.

[42] Vers cinq cents soixante ans avant J. - C. par Théodore de Samos, Chersipron et Métagénés et financé par le roi Crésus de Lydie.

[43] 173.74 m de longueur et 72.74 de largeur.

[44] En -356.

[45] Soit le 21 juillet de l'an 356 avant notre ère.

Un second temple est bâti sur le même plan
Théophraste a écrit dans *Histoire des Plantes,* un document
Précisant que les portes à son époque sont faites en bois de cyprès,
Puis ce temple sera pillé
Et, par les Goths incendié.

Ils détruisirent de nombreuses villes populaires
Et incendièrent
Le temple renommé de Diane / Artémis à Éphèse.
Ce temple avait ses aises
Comme l'un des premiers établissements bancaires au monde :
Le sanctuaire disposait de ses propres finances,
Inviolable, avec le droit d'asile y vagabondent
Ceux qui se plaçaient sous sa protection et sa clémence.

Le nouveau temple périptère, construit en marbre et flanqué de colonnes
En double rangée, laissait la place pour un large passage cérémonial[46]
Une nouvelle statue cultuelle trône
Sculptée par Endoios,

La précédente ayant été probablement détruite ; et un naïskos[47]
Pour l'abriter est érigé à l'est de l'autel en plein air
C'est une construction idéale
Sculptée en ébène et sertie de riches pierres.

Cette reconstruction a été financée par le roi Crésus, le riche roi de Lydie.
Le temple a attiré de nombreux marchands, rois et curieux
Ainsi que de nombreux fidèles dans le temple que l'on glorifie.

Le temple d'Artémis est vénéré par l'hommage de bijoux précieux.

---

[46] Autour de la cella, conçue et construite autour de -550 par les architectes crétois Chersipron et son fils Métagénès.

[47] Un naïskos (pl. naïskoi) (du grec ναΐσκος, diminutif de ναός, signifiant « temple ») est un édicule conçu pour encadrer la statue ou la représentation d'un défunt ou d'une divinité. Il peut s'agir d'une stèle en forme de naïskos ou d'un véritable édifice, souvent miniaturisé, mais parfois de grandes dimensions.

Ce temple était également très respecté
Comme lieu de refuge, cette tradition
En fait un lieu de prédilection.
Il était lié au mythe des Amazones qui se seraient réfugiées
Sur le site du temple de la déesse
Face à Dyonisos et Héraklès.

Le temple fut incendié[48] par Erostrate, qui ainsi voulait
Acquérir célébrité et renommée.
Apprenant le mobile de l'incendiaire
Qui avait détruit le temple[49],

Les magistrats de la cité
Le firent torturer et tuer
À titre exemplaire ;
Et effectivement servit d'exemple.

Il fut interdit que son nom soit prononcé sous peine de mort.
Cet arrêt fut respecté vingt-trois ans encore,
Jusqu'à l'arrivée d'Alexandre le Grand.
La reconstruction fut financée par plusieurs états environnants
Envers lesquelles l'Artémision[50]
Qui servait de financement.

Privé de certaines de ses plus célèbres œuvres d'art
Par Néron,

---

[48] Le 21 juillet 356 av J. - C.
[49]Qui faisait la fierté de tous les Grecs.
[50] Les fouilles de l'Artémision d'Éphèse ont livré des offrandes votives en terre cuite bien moins nombreuses que les offrandes plus prestigieuses en or, bronze, ambre et ivoire. Il y a cependant parmi elles, surtout aux époques les plus anciennes, quelques objets très originaux et de grande importance cultuelle. À l'époque archaïque se développe une importante production coroplastique dans toutes les cités grecques pourvues de grands sanctuaires : pourtant, l'Artémis d'Éphèse ne reçoit guère ce type d'offrande, à l'exception, au VIIe s., du type de figurine féminine que D.G. Hogarth appelle l'« Artémis Éphésienne ».

Puis pillé par une expédition de barbares[51]
Venus de la mer noire[52]
Des tremblements de terre l'ayant endommagé,
Le temple fut définitivement fermé.

Il ne reste aujourd'hui
Qu'une colonne unique proprement dit.

Sur le site du temple trente-six colonnes historiées
L'auraient supporté.
Seuls quelques fragments ont survécu derechef
De l'abondante décoration en relief[53].
Le sujet du décor de colonnes semble avoir été une procession :
Certains des personnages, représentés en marche ou en ascension
Semblent porter un panier
Ou une autre offrande sacrée.

Les fragments montrent également du bétail et des chevaux
Le décor sculpté du parapet ayant probablement
Plusieurs sujets différents :
Une procession de char et de chevaux,
Un combat d'hommes en armes, des Amazones, des animaux, …

Plusieurs des colonnes sculptées du temple postérieur ont été retrouvées[54]
Seule l'une d'entre elles est restée dans son intégralité.

Elle représente un jeune homme nu ailé
Qui, si ce n'était son épée,
Pourrait être un Éros,
Dans les nuits grecques remplies d'aglosses[55].

---

[51] Les Goths.
[52] Vers 262.
[53] Qui ornait à la fois les tambours inférieurs de colonnes et le parquet.
[54] Elles sont actuellement conservées au British Museum.
[55] Papillon nocturne sans trompe ou à trompe rudimentaire.

Un autre jeune homme nu, portant un manteau sur le bras
Est facilement reconnu comme Hermès, grâce au caducée
Qu'il tient dans la main droite et avec laquelle il conduit dans l'au-delà.

Les deux jeunes gens sont entourés de femmes portant le péplos[56]
Représentant un personnage masculin très mutilé
Est représenté assis et porte des sandales au dessin élaboré.

Un concours de Muses, qui seraient collectivement incarné
Par le jeune homme ailé,
Ou encore un épisode du mythe de Pandore, première femme animée.

L'hypothèse la plus plausible est une représentation du mythe d'Alceste :
Elle fut donnée en mariage à Admète, roi de Phires
(Femme belle et modeste)
Grâce à l'aide d'Apollon, puissant comme une forteresse,
Condamné par Zeus à être son serviteur.

Pélias promet de donner en mariage, sa fille avec bonheur
Si Admète parvient à lui ramener
Un char attelé d'un lion et d'un sanglier.
Ce qui fut fait.

Mais Admète oublia de faire un sacrifice,
Lors de son mariage à la déesse Artémis,
Et les deux jeunes mariés trouvèrent
La chambre nuptiale remplie de vipères.

Apollon dut de nouveau intervenir,
Pour calmer sa sœur.
À l'instar de la mort d'Admète, il y eut un avenir…

---

[56] Vêtement féminin formé d'une grande pièce d'étoffe rectangulaire, maintenue sur les épaules par deux agrafes, avec un rabat retombant à l'extérieur.

Le dieu invoqua les Moires[57]
Avec à l'esprit l'espoir
De laisser battre le cœur,
D'Admète, dans un compromis avec les divinités.

Celles-ci acceptèrent à condition
Qu'une autre personne prenne sa place :
Le père et la mère d'Admète répondirent : "non",
Mais par amour, Alceste conclut le marché
Et s'empoisonna sur place.
De tels actes peuvent être accomplis sur l'ordre des divinités.

Héraklès la ramena des Enfers,
Selon une version secondaire,
C'est Perséphone qui décide de renvoyer Alceste chez les vivants.

Le jeune homme ailé serait donc Thanatos[58] qu'Euripide
Met en scène dans le prologue de sa tragédie d'Alceste, il y a presque trois mille ans
Le temple d'Artémis était surtout un lieu de refuge pour les invalides[59].

---

[57] Dans la mythologie grecque, les Moires (en grec ancien Μοῖραι / Moîrai) sont trois divinités du Destin : Clotho (« *la Fileuse* »), Lachésis (« *la Répartitrice* ») et Atropos (« l'Inflexible »). Elles sont associées aux cycles cosmiques, aux grandes déesses de la nature, de la végétation et de la fertilité.
[58] Personnification de la mort.
[59] Dans la société grecque qui mettait en avant le culte de la beauté et chassait avec véhémence les voleurs et les assassins.

Le mausolée d'Halicarnasse

Le mausolée d'Halicarnasse[60] est le tombeau de Mausole à Athènes,
Qu'il a fait ériger à sa propre gloire, étudiant dans les domaines
Philosophiques : il fut disciple ou assistant de Platon.
Étudiant ainsi la métaphysique, l'éthique,
L'esthétique et la politique.

Ils consacrèrent leurs réflexions
Aux apparences et aborda l'histoire naturelle
Dans laquelle Platon voulut établir deux principes de pensée immortelle :
L'un subissant : comme la matière
Appelé *"réceptacle universel"*
L'autre agissant : comme une cause première,
Qu'il rattache à la puissance du dieu et du bien.

Mausole fut à la fin de sa vie un académicien
C'est-à-dire qu'il parcourut les jardins
Plantés de platanes et d'oliviers
Dédiés à Académos[61], où il fut présumé être enterré.

Mausole était un satrape perse achéménide de Carie.
Halicarnasse est aujourd'hui la ville de Bodrum, au sud-ouest de la Turquie.

Le monument était admiré dès l'antiquité
Pour ses dimensions et sa décoration,

---

[60] En grec Μαυσωλεῖον / *Mausôleĩon.*
[61] Thésée veuf à l'âge de 50 ans, , décide d'enlever la belle Hélène alors âgée de 12 ans
(donc bien avant qu'elle se marie à Ménélas, qu'elle soit enlevée par Pâris et cause la
guerre de Troie). En raison de cet outrage, ses frères jumeaux Castor et Pollux, les
Dioscures, envahissent l'Attique pour libérer leur sœur et menacent de détruire Athènes.
Académos épargne la ville en leur indiquant où la trouver (à Aphidna). Les Dioscures
lèvent alors le siège et par la suite, ne manquent jamais de le combler de bienfaits et
chaque fois que les Lacédémoniens envahissent l'Attique, ils épargnent toujours les
terres appartenant à Académos qui se trouvent sur le Céphise à six stades d'Athènes.

Si bien que l'on appelle *"mausolée"*
Tout tombeau de grande dimension[62].

Haut d'environ quarante cinq mètres, le Mausolée
Était orné de sculptures sur ses quatre côtés,
Chacune réalisée sous l'autorité
D'un grand sculpteur grec
Ceux-ci pouvant être périèques.
Ces quatre sculpteurs seraient Bryaxis, Leocharès
Scopas de Priène et Timothéos
Certaines de ces sculptures pouvant décorer un naos.

La Carie était une province dépendant de l'empire perse.

Le roi Mausole déplaça la capitale à Halicarnasse,
Après avoir pris
Le contrôle de la plus grande partie
Du sud-ouest de l'Anatolie.

Bien qu'officiellement dépendant de l'empire perse, son espace
Était de culture grecque sur la mer Égée.

Il entreprit de grands travaux pour sa capitale
L'embellir et la fortifier.
Il entreprit deux œuvres architecturales :
Un théâtre et un temple à Arès, le dieu de la guerre.
Il était un roi, de nature guerrière.

C'est sa veuve et sœur
Artémis II, qui décida de construire
Un monument exceptionnel en son honneur
Le mausolée est donc le fruit d'un réel désir.

---

[62] Par exemple, à Rome le mausolée de l'empereur Hadrien, actuellement nommé château St Ange.

Le mausolée fut achevé un an après la mort de cette femme.
On ne sait pas par qui il fut achevé, certains clament :
Qu'il fut achevé par le frère de Mausole
Peut-être par Alexandre le Grand,
Peut-être même ne fut-il jamais achevé...
La question reste en suspens.

Le bâtiment aurait été conçu par Satyros de Priène
Et Pythéos de Priène.

Les plus grands artistes furent requis pour sa construction
Selon Vituve, Proxitel y aurait participé
Avec Léocharès, Bryaxis, et Scopas à ses côtés[63].
Le nom de Timothéos a d'autre part été avancé dans cette tradition
Comme étant celui du quatrième sculpteur.
L'ériger était un grand honneur.

Il resta en bon état jusqu'au moyen-âge, puis faute d'entretien
Et à cause de multiples tremblements de terre, il prit fin
Et tomba en ruines.
Cependant, tous se souviennent de son origine.
Au haut moyen-âge, il servit de carrière pour construire
Les maisons des alentours
Ensuite les ruines tombèrent dans l'oubli, sans secours.
Pourtant il allait marquer l'avenir.

À la fin du moyen-âge, il restait sa base inférieure
En triste état, ainsi que les fondations de l'édifice.

Au XVe siècle les Hospitaliers s'en servirent à leur honneur
Comme carrière pour bâtir le château de Saint Pierre
Sur l'ancienne acropole d'Halicarnasse, matrice
Puis pour réparer les fortifications de la ville princière.

---

[63] Mais cette mention est considérée comme douteuse.

Le mausolée, haut d'environ quarante cinq mètres, reposant
Sur une substruction rectangulaire fermée,
Est entourée d'une enceinte sacrée[64].
Ce tombeau était décoré richement.

La substruction était surmontée de trente six colonnes[65]
Chacune pesant plusieurs tonnes,
Supportant un toit à degrés pyramidal de vingt quatre degrés
Et il se trouvait un quadrige en marbre au sommet.

Décoré de hauts-reliefs et de rondes-bosses, il abrite
Dans son massif une chambre funéraire, qui invite
À la contemplation.

Sur les centaines de mètres de frises, on trouve une procession,
Une amazonomachie[66],
Des statues dynastiques[67], une course de chars, des lions
Des combats, des chasses, une centauromachie.

Scopas aurait réalisé le côté est du décor,
Tandis que Léochares aurait travaillé sur le côté opposé.
De l'or,
De la beauté…

En 1857, Charles Thomas Newton localise d'abord
Le monument grâce à ses connaissances en littérature antique,
Surtout sur Vitruve et Pline l'Ancien, auteurs de la Rome antique ;
Mais aussi grâce à une grande maîtrise de l'interprétation
Des fragments trouvés sur le sol :
Habitude acquise grâce à un long travail sur le terrain en état de révélation.

---

[64] (τέμενος / *témenos*) ouverte à l'est par un propylée.
[65] Trente six colonnes, comme pour le temple d'Artémis.
[66] Marquée par la figure d'Héraclès, reconnaissable à sa léonté.
[67] Dont une statue aux traits épais, faussement identifiée comme celle de Mausole,
portant cheveux longs et moustache.

Il dut adapter sa technique de fouilles aux conditions locales et ses protocoles
En effet, il n'avait pas les moyens d'acheter
L'ensemble des terrains supposés renfermer le Mausolée.
Il eut donc recours à des tunnels et non à des tranchées,
Pour localiser les limites extérieures du bâtiment.
Il put ainsi n'acheter que les champs
Qu'il désirait explorer plus à fond.

Il retira du sol de nombreux fragments de construction
De l'architecture
Et des sculptures,
Dont quatre dalles de la frise sont une œuvre attribuée
À Scopas, représentant un combat entre grecs et amazones le sein dénudé.

Tous ces fragments, ainsi qu'une des roues monumentales du quadrige
Sur lesquels se trouvaient les fabuleux vestiges :
Les statues colossales de Mausole et d'Artémis sont conservées
Au British Muséum et sont d'une grande beauté.

Il put ainsi rassembler dans ce musée
Les autres fragments identifiés du Mausolée dispersés[68].

Là son travail de conservateur rejoignait celui d'archéologue.

---

[68] À Genève, Constantinople, Rhodes.

Le colosse de Rhodes

Le colosse de Rhodes est une statue gigantesque d'Hélios[69],
Dont la hauteur dépasse trente mètres, est une œuvre de Charès de Lindos.

Souvenir de la résistance des Rhodiens
Face à Démétrios Ier Poliorcète durant le siège de la ville[70]
Réputés "grands marins"
Qui firent face à de nombreuses interventions difficiles.

Le colosse est érigé à l'effigie du dieu tutélaire de la cité[71]
Le dieu Hélios ainsi adulé.
Le colosse tombe en pièces[72] dans le fond de la mer
À la suite d'un tremblement de terre,
Cassé au niveau des genoux, il s'effondre en morceaux.
Et le bel Hélios tombe à l'eau.

La statue brisée reste sur place[73]
Il ne reste plus aujourd'hui du colosse, la moindre trace.

Le mot colosse vient du grec ancien[74],
Puis de son adaptation en latin[75].

À l'origine, il désigne une simple statue
Anthropomorphe mais sans précision
Sur ses dimensions.

---

[69] Le dieu du soleil.
[70] 305 à304 av. J. – C..
[71] Vers 292 av. J. – C..
[72] En 227 ou 226 av. J. – C..
[73] Jusqu'en 654.
[74] κολοσσός / *kolossós*. Ce terme est originaire de l'ouest de l'Asie Mineure peut-être de la Phrygie.
[75] Colossus.

La modification sémantique est ensuite apparue
Dans la langue dorienne et a conservé son sens depuis lors :
Homme extraordinairement impressionnant et fort.

Dans la Grèce antique, le colosse de Rhodes a plusieurs appellations
ὁ Ἥλιος Ῥόδιος / ho Hélios Rhódios (« l'Hélios rhodien »), ὁ κολοσσὸς
Ῥόδιος / ho kolossòs Rhódios (« le colosse rhodien ») ou encore ὁ ἐν Ῥόδῳ
κολοσσός / ho en Rhodô kolossós (« le colosse de Rhodes »). En latin, il est
appelé Colossus Solis Rhodi ou Solis Colossus Rhodi[76].
Différents noms
Pour une fabuleuse entité
Apparue dans le pays.

La construction a été longue et laborieuse,
Mais elle s'avère finalement heureuse.

Le colosse est intégralement constitué de bronze et de bois.
Une fois le squelette de bois posé au bon endroit,
La statue a été recouverte avec d'immenses plaques de bronze ajustées.

La fonderie de l'île ne suffisant pas à assumer
Les besoins d'une telle entreprise
Du bronze a été importé en grande quantité.

La solution financière, pour payer le bronze ainsi requise
A été tiré de la revente des aliments abandonnés
Par l'armée de Démétrios Ier Pollorcète lors du siège de la cité-forteresse.

Le fait que la statue soit une véritable prouesse
Est due au fait qu'elle soit recouverte de bronze et de bois
Et qu'elle surplombe l'entrée du port, et c'est pour cela
Qu'elle divise certains historiens.

En effet, il est difficile d'imaginer
De concevoir une telle réalité :

---

[76] Colosse du Soleil de Rhodes.

Qu'une œuvre d'un tel poids
Repose uniquement sur un squelette en bois.

Elle est lestée de pierres.
C'est cette prouesse technique extraordinaire
Qui lui a valu sa place dans la liste des merveilles du monde.

Le colosse est mis à bas par un tremblement de terre[77]
Il a suscité de nombreuses facondes.

Techniquement, le tremblement de terre
Exerce une torsion sur les genoux de la statue.

L'amoncellement de bois et de bronze ainsi survenu
Est, dans un premier temps
Laissé sur place, car un oracle aurait défendu aux habitants
De redresser la statue.

D'après Michel le Syrien le colosse est définitivement détruit[78]
Par une expédition arabe sous le commandement de Mu'awiya Ier
Lieutenant du calife Othmân Ibn Affân connu pour avoir commandé
La compilation du Coran dans son intégralité.

Il emporte les vingt tonnes qui restent du colosse[79]
Pour les vendre à un marchand d'Émèse, juif.
Ce fut un sérieux négoce
Avec les restes du colosse de Rhodes, un marché définitif.

Traditionnellement l'emplacement du colosse est situé
Sur le grand port de Rhodes, où elle aurait servi de "porte d'entrée".

Or, d'après les études statiques
De spécialistes britanniques,

---

[77] Autour de 227 / 226 av. J. – C..
[78] Vers 654.
[79] Treize tonnes de bronze et sept tonnes de fer.

La statue ne peut se trouver sur le port dans la position
Qu'on lui attribue, en raison de l'écartement
Trop important
Que suggère une telle position.

En effet, les piliers, sur lesquels auraient reposé
Les pieds de la statue, auraient été séparés
D'une quarantaine de mètres, d'après les observations des fonds marins
Dans la baie de Rhodes menées par les chercheurs
L'écart ainsi constaté
Ne correspondrait donc pas à la hauteur
De la statue[80], visible depuis le lointain.

En pratique, il en aurait résulté une distorsion entre la descente de charge
Et les deux points d'appui de la statue.
Tant est si bien que le démarquage
Ne peut être révolu.

L'hypothèse apparue à la Renaissance d'une statue aux jambes écartées
Et permettant aux bateaux de passer
Sous elle est donc tombée en désuétude,

Aujourd'hui sont menées d'autres études :
L'une d'elle veut que la statue se trouve sur les hauteurs de l'île[81]
Surplombant tout l'archipel de son regard envers l'ennemi : hostile,
Et accueillant pour les marins,
Qui viennent parfois de très très loin.

Une majesté particulière est donnée à Hélios, conférant
À sa statue une dimension de géant.

Une autre théorie[82] place le colosse à l'entrée du port militaire,
Et figure un "Hélios souriant, saluant de la main droite en l'air".

---

[80] Qui doit être légèrement plus petite que la statue de la Liberté à New York.
[81] Ou en contrebas de l'acropole.
[82] Défendue entre autres par l'architecte et archéologue allemand Wolfram Hoepfner.

Même si le colosse n'aura existé qu'une génération,
L'idée d'une gigantesque statue de métal en bois et en plomb
À l'entrée d'une ville est demeurée vivace dans les mémoires
Et a inspiré notamment la statue de la Liberté de Bartholdi : une œuvre d'art.

Le phare d'Alexandrie

Le phare d'Alexandrie[83] était un phare situé en Égypte à Alexandrie.
Il a servi de guide aux marins, durant près de dix siècles, ce qui semble infini,
Sa construction aurait débuté au troisième siècle avant notre ère[84]
Et duré une quinzaine d'années entières !
Les travaux ont commencé sous le règne de Ptolémée Ier
Mais il meurt avant la fin du chantier,
Qui est achevé sous le règne de son fils Ptolémée II.

Pour la construction du phare est choisi un lieu :
La pointe de l'île de Paros, probablement.
Les nombreux séismes[85] ont peu à peu endommagé le célèbre monument
Qui a été presque entièrement détruit en mille trois cents trois.

En effet, en mille trois cents quarante neuf, on écoute le récit d'Ibn Battûta[86] :

"Étant allé au phare [...] je constatai
Que son état de délabrement était tel qu'il était
Impossible d'y entrer
Ni d'arriver à la porte y donnant accès"[87].

On a longtemps pensé que la construction avait été dirigée
Par l'architecte Sostrate de Cnide, qu'il a imaginé.
Il cite une inscription en plomb insérée

---

[83] Du grec ancien ὁ Φάρος τῆς Ἀλεξανδρείας / ho Pháros tễs Alexandreías.

[84] Entre -299 et -289.

[85] Qui ont eu lieu dans la région entre le IVe et le XIVe siècles.

[86] Ibn Baṭṭūṭa (en arabe : ابن بطّوطة ; en berbère : ⵉⵄⵎ ⵏ ⵍⵓⵜⵜⵉⵜⵜⴰ), de son nom complet 'Abu 'Abd Allah Muḥammad Ibn 'Abd Allah al-Lawātī aṭ-Ṭanjī Ibn Baṭṭūṭa (أبو عبد الله محمد بن عبد الله اللواتي الطنجي بن بطوطة) né le 24 février 1304 à Tanger et mort en 1368 (ou peut-être 1377) à Marrakech, est un explorateur et voyageur marocain d'origine berbère qui a parcouru plus de 120 000 km entre 1325 et 1349[2], de l'ancien territoire du Khanat bulgare de la Volga au nord, jusqu'à Tombouctou au sud, et de Tanger à l'ouest jusqu'à Quanzhou en Extrême-Orient.

[87] Michèle Lecreux, *Soixante chefs d'œuvre à découvrir, soixante chefs d'œuvres à gribouiller*, MA éd., 2008, 64 p., p. 58.

Dans un mur du phare ainsi libellé : [88]
"Sôstratos fils de Dexiphanès de Cnide a dédié
Ce monument aux dieux sauveurs pour le salut des navigateurs [échoués]".

Jean Yves Empereur, se base sur un épigramme du poète, Posidippe
Pour appuyer son hypothèse selon un principe :
Sostrate aurait en fait dédié la statue qui surmontait
Le phare, et non le phare lui-même, dans son entité.

Il n'écarte pas non plus l'hypothèse que le véritable architecte du phare,
Soit en fait Euclide[89]
Car le mathématicien vivait alors à Alexandrie, un heureux hasard ?
En tout cas un projet solide.

La ville toute entière a été construite de façon démesurée
Et le phare devait en être le symbole réalisé.

Bien qu'il existât à Alexandrie d'autres bâtiments,
Tout aussi célèbre que le phare, géant,
Tels la grande bibliothèque, le tombeau d'Alexandrie,
Il deviendra emblématique de la ville et l'est encore aujourd'hui.

Le phare dominait la côte et permettait aux marins
D'avoir un point de repère perdus dans les embruns.

Le phare devait être un bâtiment à trois étages :
Il était un formidable ouvrage
Une base carrée légèrement pyramidale,
Une colonne octogonale,
Une petite tour ronde distale[90].

---

[88] « ΣΟΣΤΡΑΤΟΣ ΔΕΞΙΦΑΝΟΥ ΚΝΙΔΙΟΣ ΘΕΟΙΣ ΣΩΤΕΡΣΙΝ ΥΠΕΡ ΤΩΝ ΠΛΩΙΖΟΜΕΝΩΝ
Sôstratos fils de Dexiphanès de Cnide a dédié ce monument aux dieux sauveurs pour le salut des navigateurs ».
[89] Lui-même ou un de ses élèves.
[90] Surmontée d'une statue.

Tout cela pour une hauteur d'environ cent trente cinq mètres,
Son rayon de visibilité s'étendant sur environ cinquante kilomètres.

La base devait mesurer environ soixante dix mètres de hauteur
Sur trente mètres de côtés.

C'était une construction d'une immense ampleur
Et d'une beauté digne des divinités.

On y accédait par une rampe à arcades,
Elle donnait accès à une sorte de terrasse munie d'une rambarde[91]
Entourée de quatre tritons[92], à chaque coin de la terrasse,
Soufflant dans une corne vers les splendides borasses[93].

Le deuxième étage était de forme octogonale
Et mesurait trente quatre mètres de hauteur
Et dix huit mètres trente de largeur ;
Cette construction était colossale.
Elle comportait un escalier intérieur,
Qui menait au troisième étage et comportait dix huit marches.

---

[91] De deux mètres trente de haut.

[92] Triton (en grec ancien Τρίτων / *Trítōn*) est un dieu marin de la mythologie grecque, fils de Poséidon et d'Amphitrite, messager des flots. Triton est le père de Pallas et est parfois cité comme le père de Scylla par Lamia, et des tritons. La partie supérieure de son corps jusqu'aux reins est celle d'un homme nageant, la partie inférieure celle d'un poisson à longue queue. Son arrivée était annoncée par le son de la conque recourbée de la trompette du dieu de la mer. Quelquefois, il est porté à la surface des eaux et d'autres, il parait dans un char traîné par des chevaux bleus. Les poètes attribuent à Triton un autre office que celui d'être trompette de Poséidon, celui de calmer les flots et de faire cesser les tempêtes. Ainsi, selon Ovide, Poséidon, voulant rappeler les eaux du déluge de Deucalion, commande à Triton d'enfler sa conque, au son de laquelle les eaux se retirent. Selon Virgile, lorsque Poséidon veut apaiser la tempête qu'Héra a excitée contre Énée, Triton, assisté de la Néréide Cymothoé, fait ses efforts pour sauver les vaisseaux échoués. Les poètes admettent plusieurs « *tritons* » avec les mêmes fonctions et la même figure.

[93] Palmier dont on fait le vin de palme et dont les bourgeons sont comestibles (cœurs de palmier).

Au sommet du phare se dressait une statue
Qui n'a pas encore pu être formellement identifiée malgré toutes les démarches
En tout cas, il s'agit d'une divinité très connue :
Zeus, Hélios ou Poséidon,
Du grand panthéon.

Une intaille[94] en verre[95] montre le phare surmonté
De Zeus qui tient dans la main gauche une lance acérée
Et dans la main droite une sorte de coupelle.

Il existe un gobelet en verre[96] qui montre l'image sensuelle
D'un dieu tenant une rame dans la main gauche
Ce qui ferait de lui Poséidon, maître des créatures que l'on chevauche.

Finalement, une mosaïque[97] montre le phare
Surmonté d'Hélios.

Ce monument aussi beau que rare
Était un colosse.

Au IXe siècle, une mosquée a été installée
Au sommet de la tour par Ahmad Ibn Touloun qui sur l'Égypte a régné.

On a retrouvé immergé[98]
Deux statues colossales :
La première est celle d'un Ptolémée en pharaon
Et la deuxième, une statue d'Isis, image de la mère idéale[99].
Ces statues posées devant le phare étaient la vision
Offerte aux navigateurs entrant dans le port
On suppose encore

---

[94] Pierre fine gravée en creux.
[95] Datant du Ier siècle.
[96] Datant du IIe siècle et retrouvé à Begrâm en Afghanistan.
[97] Datant de cinq cents trente neuf.
[98] Au pied du fort Qalt Bay.
[99] Vénérée jusque dans la Bible.

Qu'il s'agit de Ptolémée Ier
Et que la statue d'Isis est en fait son épouse Arsinoé II
Que le pharaon avait divinisée après son décès.

On a retrouvé une demi douzaine de colonnes importées à Alexandrie
Et portant le cartouche de Ramsès II
Vénéré tel un dieu,
Vingt huit sphinx datés de plusieurs monarchies
Et des obélisques signés Séthi Ier
Considérés comme des divinités.

La conception de minarets sur trois étages dans de nombreuses mosquées

Édifiées en Égypte au début de l'Islam a été influencée
Par le phare d'Alexandrie.

Une réplique du phare d'Alexandrie
A été construite[100], à Shenzhen en Chine en Asie.

Un gratte-ciel ressemblant au phare d'Alexandrie,
Le Sheraton Batoumi
A été achevé[101] à Batoumi en Géorgie.

L'UNESCO envisage d'inscrire le site des vestiges du phare d'Alexandrie
Sur la liste du patrimoine mondial.
Les autorités égyptiennes ont accepté et choisi
En collaboration avec le secrétariat sur la bien définie :
Protection du patrimoine culturel subaquatique de l'UNESCO
Comment mettre en valeur ce patrimoine culturel mondial :
Conserver et dévoiler au monde entier, un monument si beau.

L'option d'un musée sous-marin permettant aux visiteurs du monde entier
De découvrir sans risque de dégradation, une telle beauté

---

[100] Dans le parc Window of the world.
[101] En deux mille dix.

Et aux scientifiques de l'étudier est préférée,
Une étude a commencé en deux mille vingt.

Table des matières